© 2004 Michael Neugebauer Verlag
Verlagsgruppe Nord-Süd Verlag AG, Gossau Zürich
Deutsche Textfassung von Brigitte Weninger,
Alle Rechte, auch die der auszugsweisen Vervielfältigung,
gleich durch welche Medien, vorbehalten.
Lithografie: Fotoreproduzioni Grafiche, Verona
Gesetzt wurde in der Veljovic
Buch Design von Michael Neugebauer
Druck: Grafiche AZ, San Martino Buon Albergo
ISBN 3-85195-955-8

Bibliografische Information der Deutschen Bibliothek
Die Deutsche Bibliothek verzeichnet diese Publikation in der Deutschen Nationalbibliografie; detaillierte bibliografische Daten sind im Internet über http://dnb.ddb.de abrufbar.

Infos zu Linard Bardill unter: www.bardill.ch

Weitere Titel von Linard Bardill:

Bilderbücher:
Die Baumhütte Falkenburg
illustriert von Miriam Monnier

Beltrametti kann nicht schlafen
illustriert von Miriam Monnier

Jugendromane:
Ro und die Windmaschine
Ro und Gambrin
Ro Ramusch

Weitere Titel von John A. Rowe:

Bilderbuch:
Tommy DoLittle

Bilderbuch Sternchen:
Hasenmond

Linard Bardill

Das Leben ist ein Fest

Mit Bildern von
John A. Rowe

Michael Neugebauer Verlag

Hamster **Hamlet** hatte sieben Geschwister:
Sie hießen:
– Trude, die Gerechte
– Balz, der Weise
– Hilde, die Besonnene
– Mark, der Tapfere
– Rosa, die Fromme
– Wenzel, der Hoffnungsvolle
– Claus, der Mitleidige

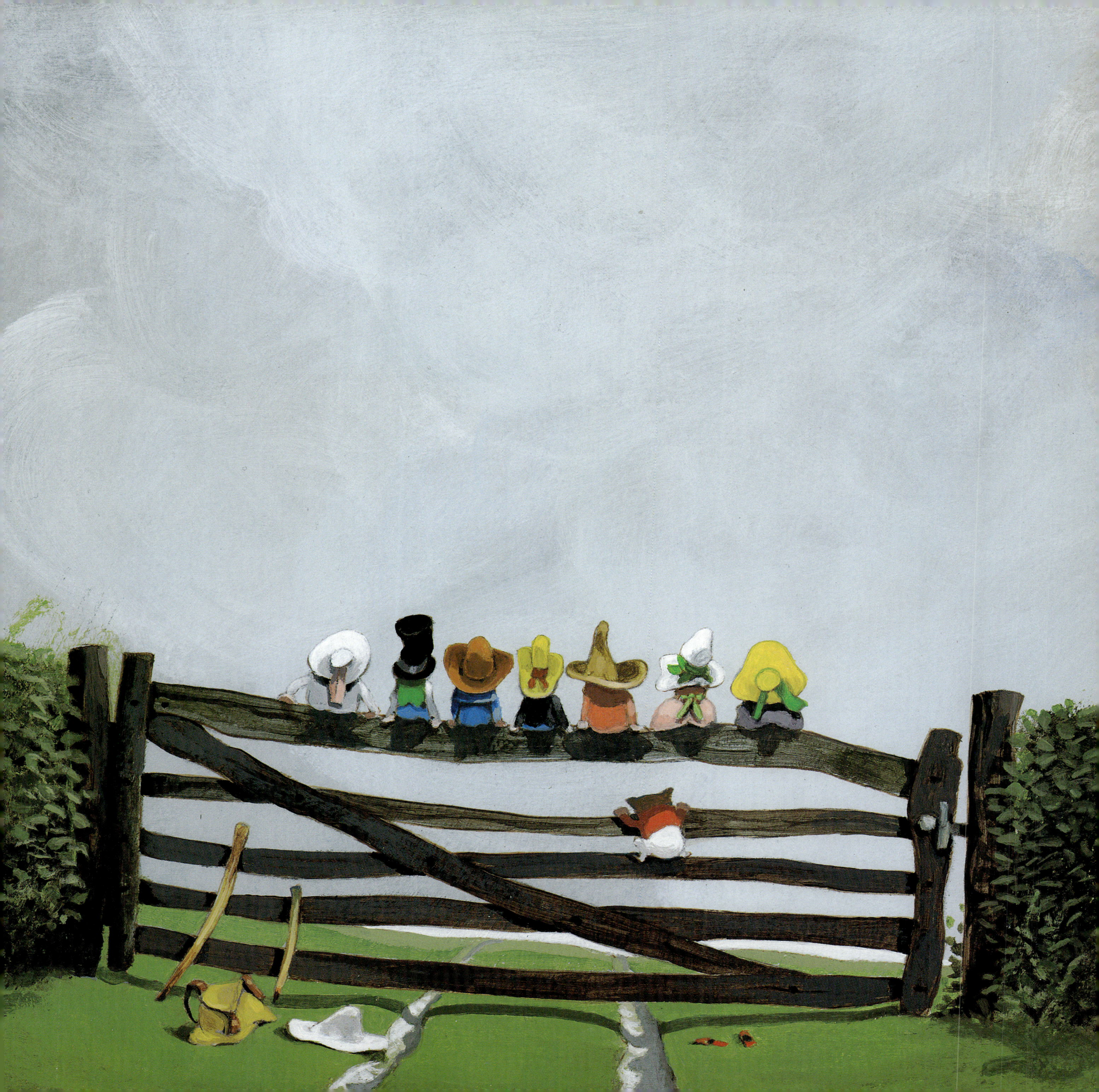

Hamlets Geschwister waren tüchtig und tugendhaft. **Hamlet** aber hatte keinen Beinamen, denn er war weder tüchtig noch tugendhaft, er war der Jüngste, und alle sagten einfach **Hamlet** zu ihm.

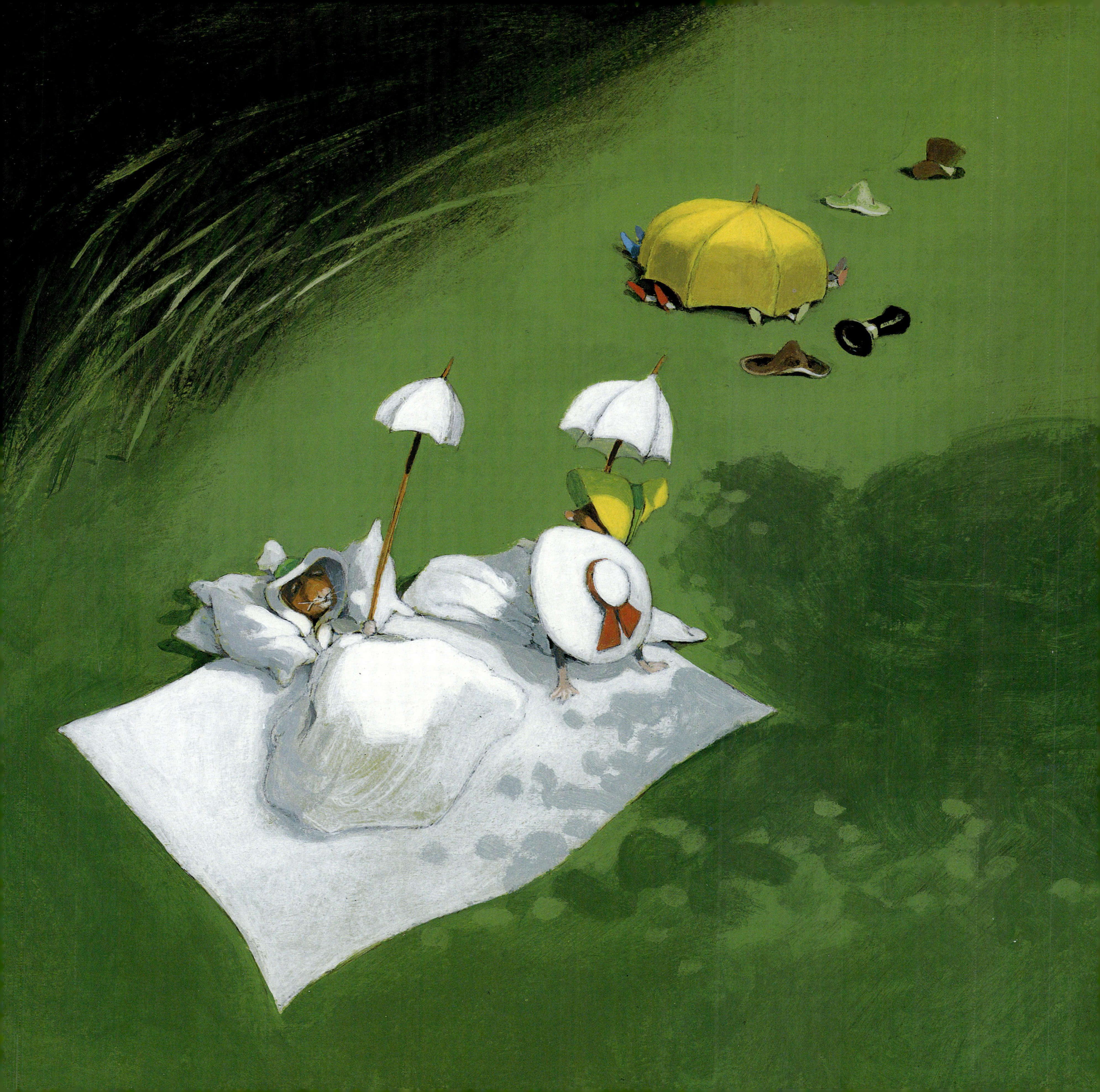

Eines Tages geriet **Hamlet** bei einer Eiche in ein Mäuse-Erntedankfest. Die Mäuse hatten es gut, und **Hamlet** kam ihnen gerade recht. Er erzählte ihnen von seinen Geschwistern und die Mäuse hörten ihm zu, lachten und fanden, dass **Hamlet** sehr lustige Geschwister habe.
Hamlet genoss sein erstes Fest.
Er schloss Freundschaft mit **Olga**, einer sympathischen Haselmaus aus Riga, die speziell für das Fest angereist war. **Olga** lud **Hamlet** nach Riga ein, es werde ihm da bestimmt gefallen.

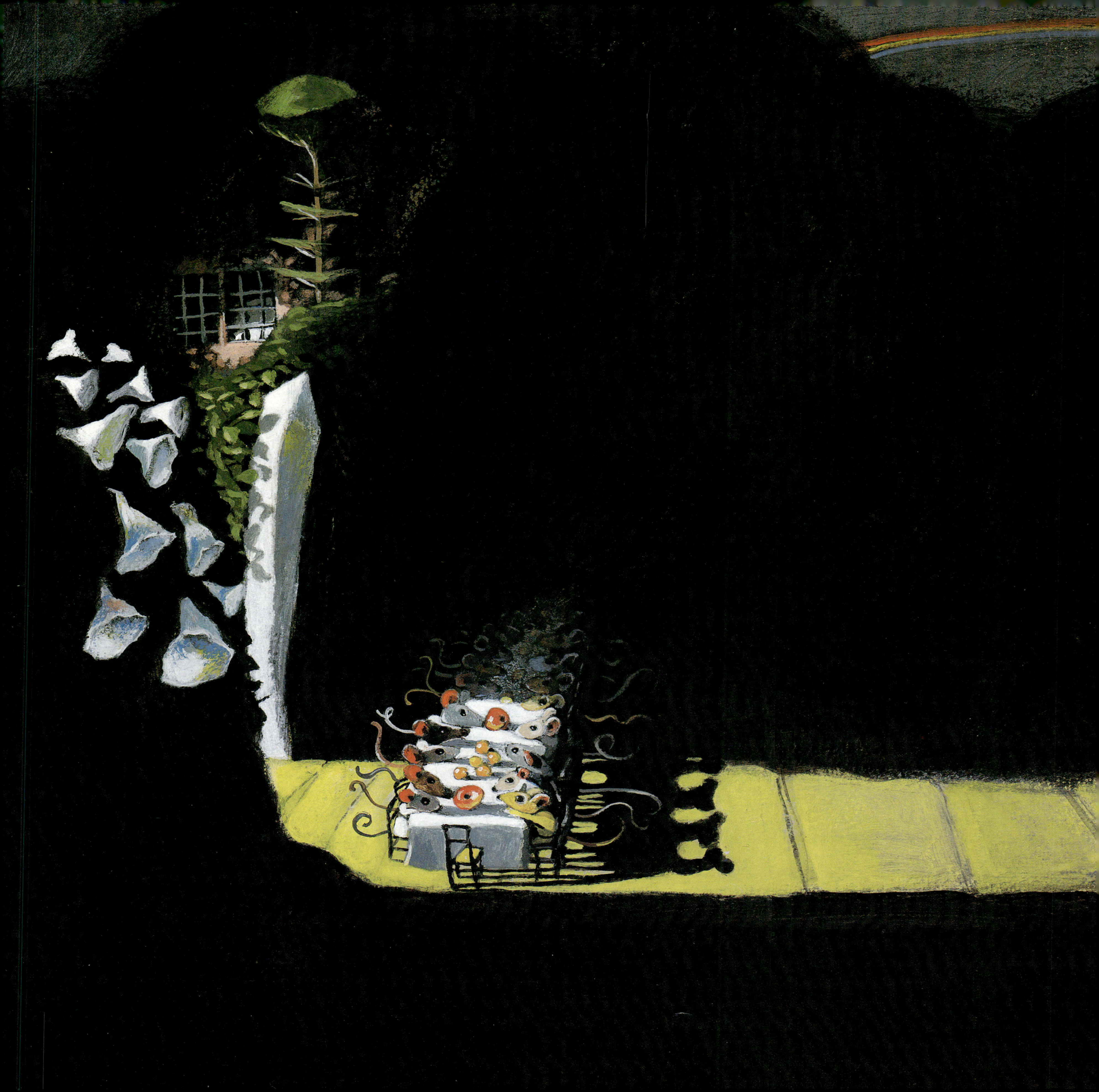

Im Frühling machte sich **Hamlet** auf den Weg nach Riga. Unterwegs geriet er auf einer Blumenwiese in ein Maikäfer-Flugfest.

Die Maikäfer luden ihn ein, und **Hamlet** erzählte vom Mäuse-Erntedankfest, das eines der schönsten Feste gewesen sei, die er je erlebt habe. Er berichtete von seinen Geschwistern und seiner Reise nach Riga.

Die Maikäfer waren beeindruckt und machten aus dem Maikäfer-Flugfest eine Party, wie sie bei Maikäfern nur selten vorkommt.

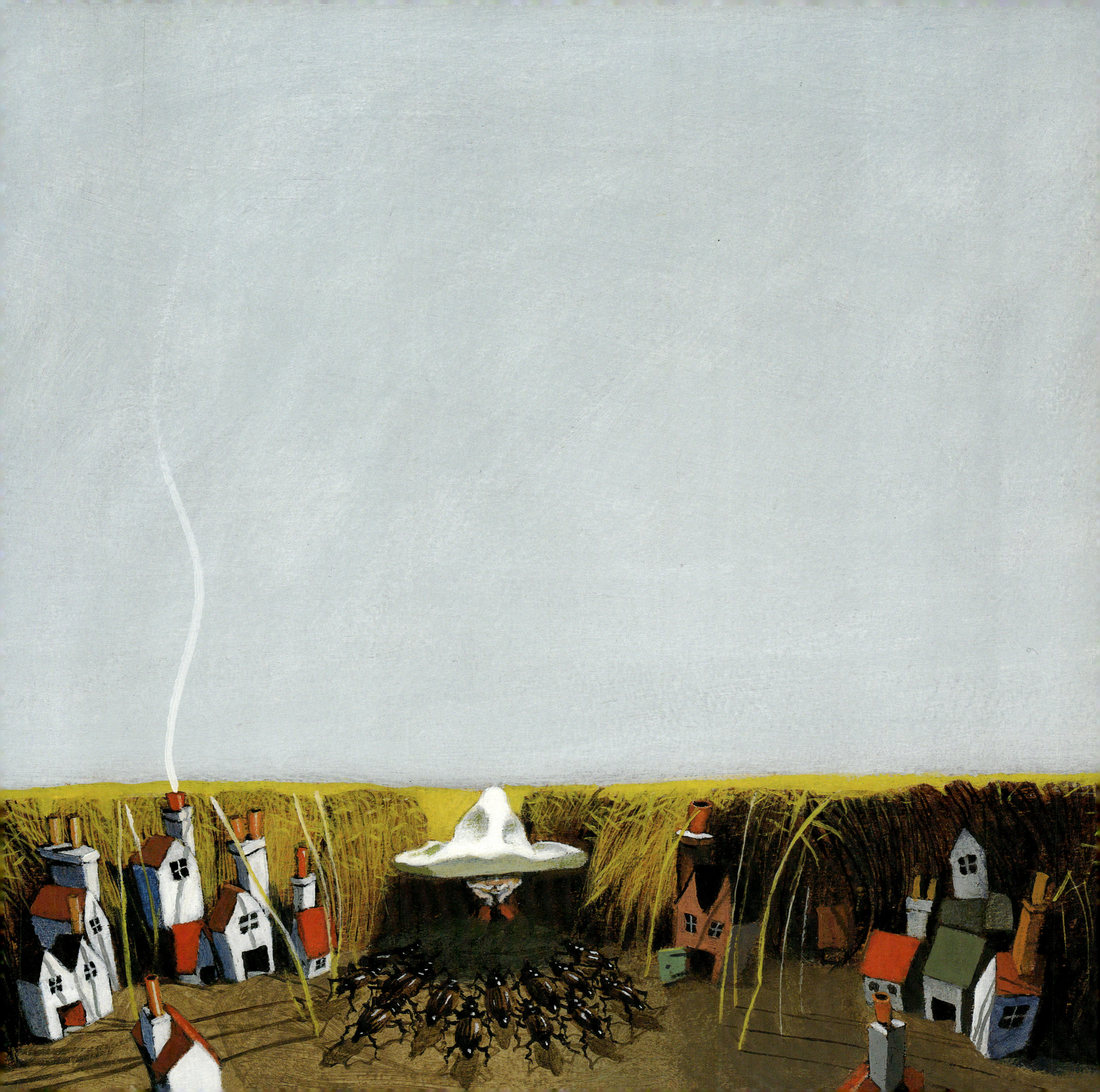

Als **Hamlet** nach einigen Tagen in ein Dachsenhöhlen-Einweihungsfest geriet, erzählte er von den Maikäfern und sagte, dass er so etwas wie dieses Käferfest überhaupt noch nie erlebt habe. Die Dachse wollten auf keinen Fall hinter den Maikäfern zurückstehen und festeten, dass die Höhlenwände zitterten und die Bäume auf der Lichtung sich bogen.

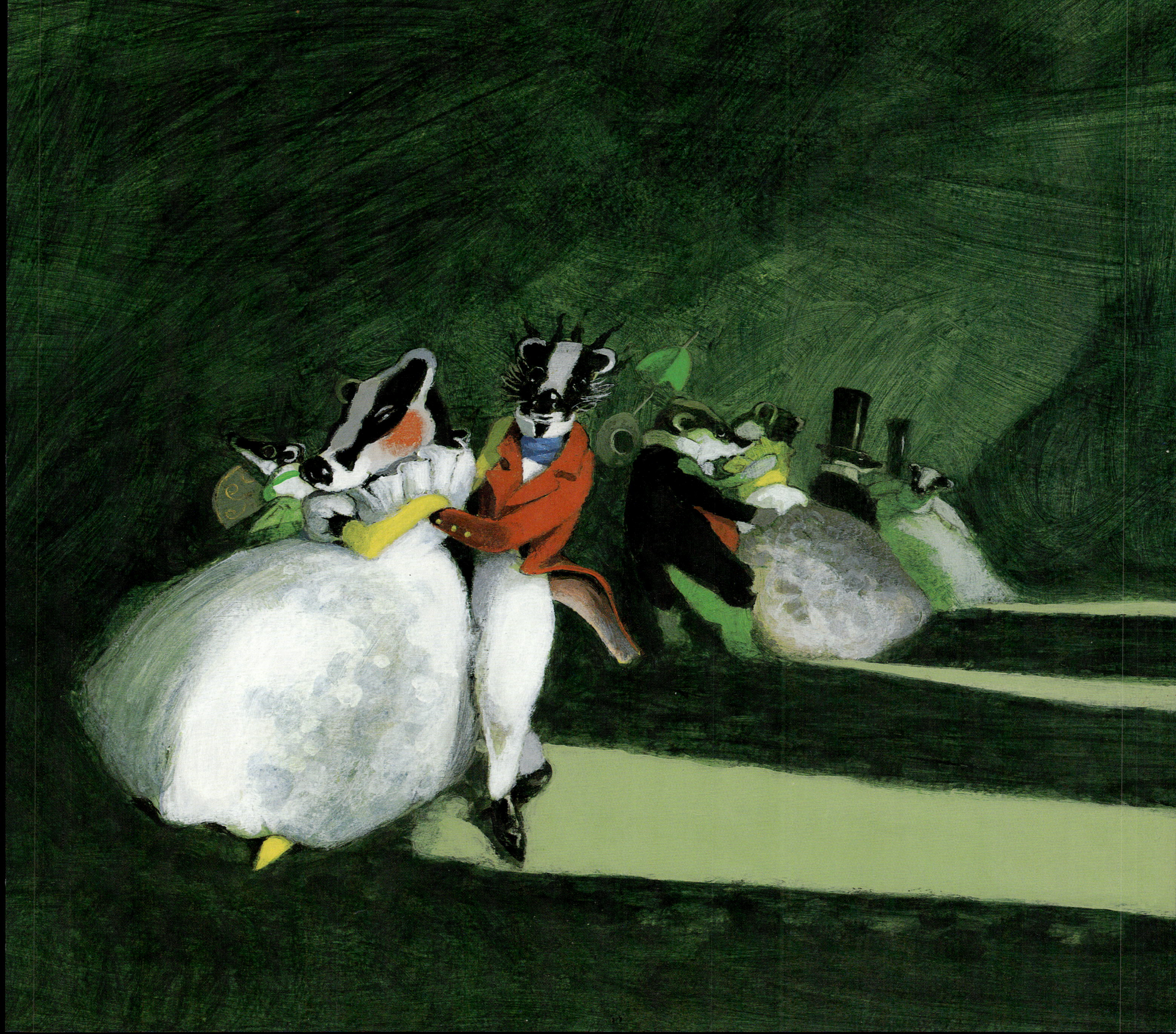

Als **Hamlet** nach weiteren zwei Tagen an einem Schlossweiher in ein Schwanen-Gleitundgondelfest geriet, verschwieg er, dass einer der Dachse vor lauter Lachen sich beim Dachsenfest verschluckt hatte und von den andern umgekehrt aufgehängt werden musste, damit er nicht erstickte.

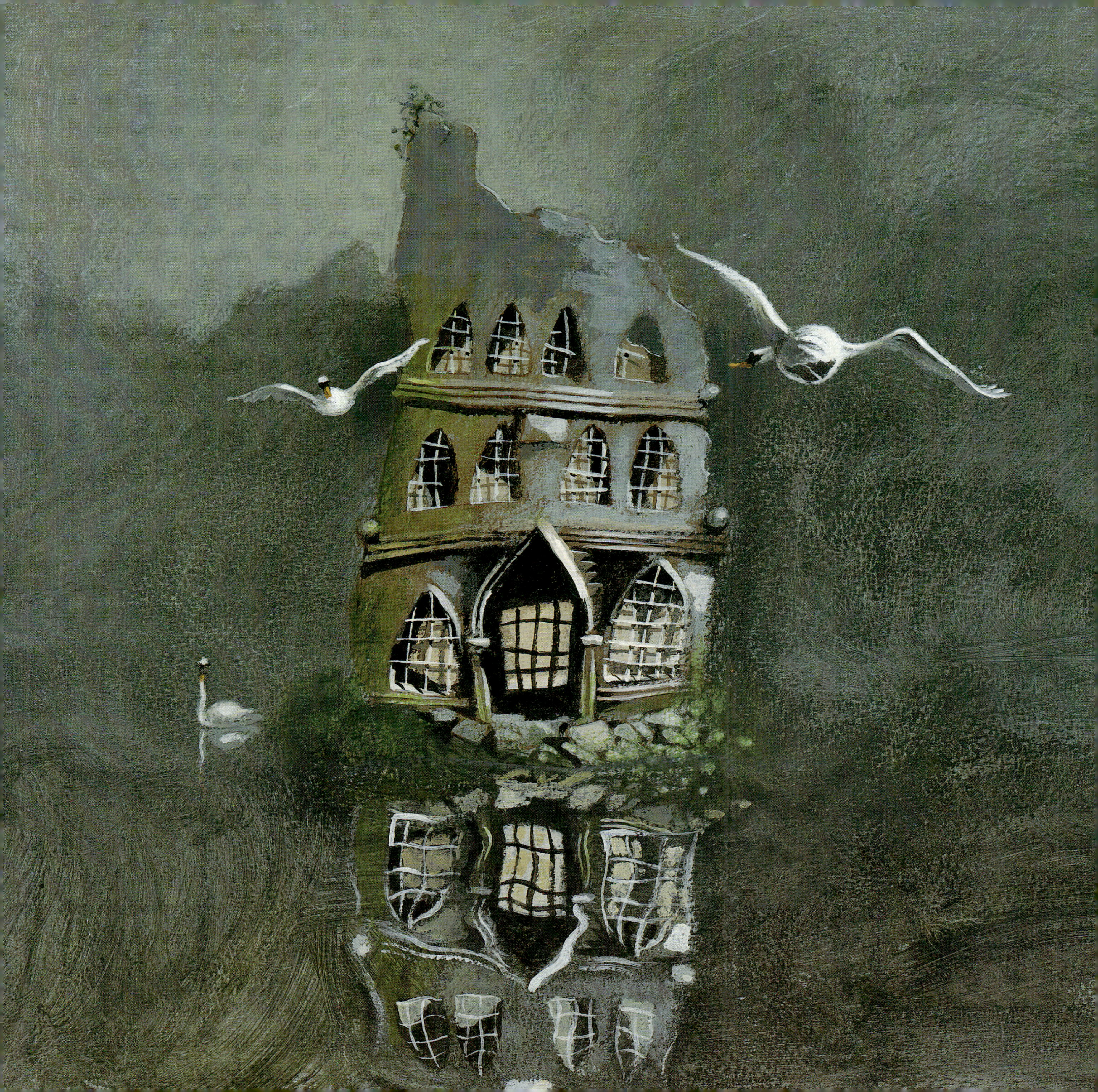

Hamlet benahm sich auch sonst sehr würdig.
Er kam nie in Riga an. Doch **Hamlet** erlebte noch das
Krähen-Trinkfest in der Linde…

...das Schweine-Suhlfest am Mühlbach...

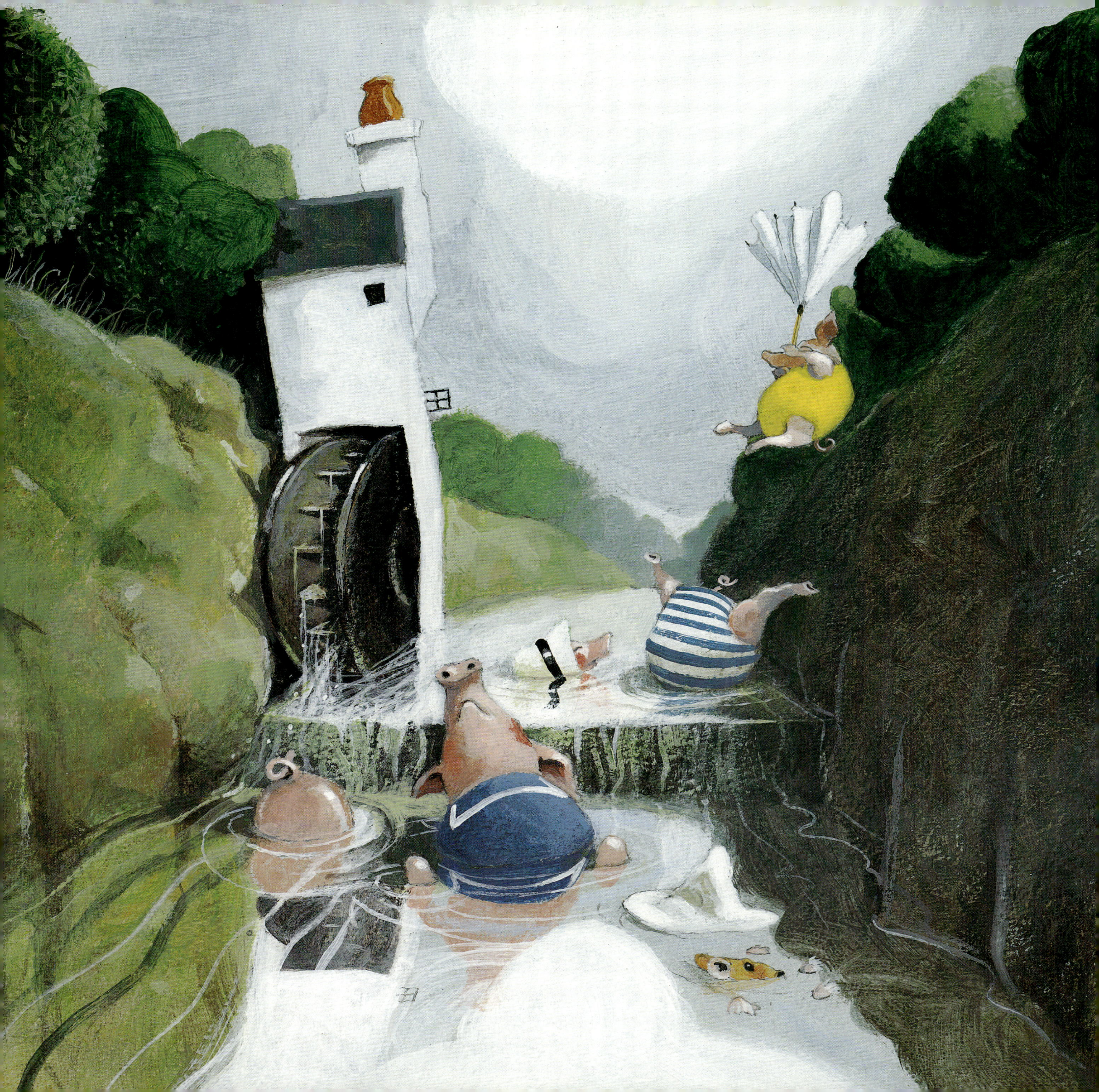

…und das Ringelnattern-Jodelfest im Steinbruch.

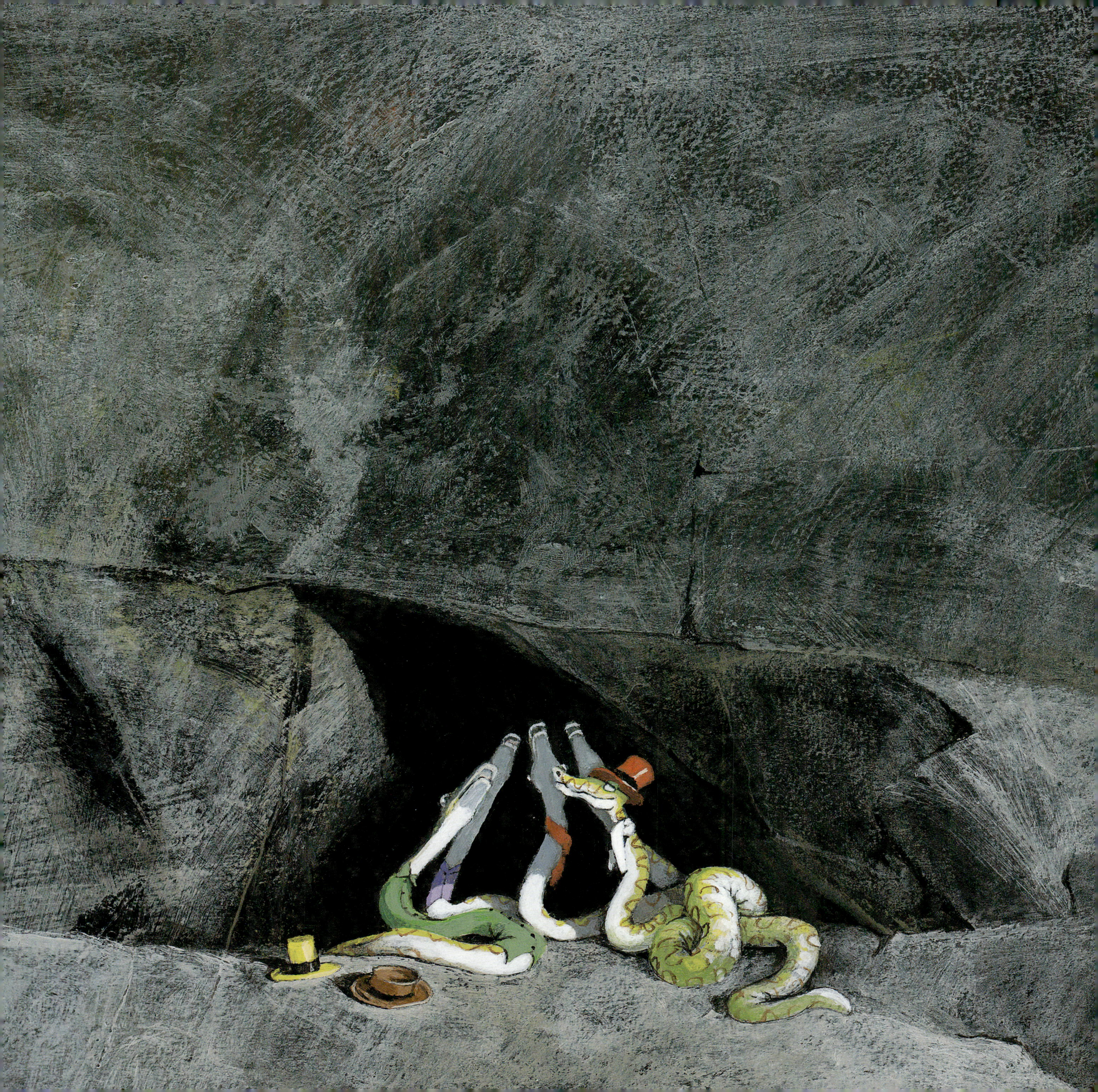

Nach drei Monaten kehrte er zu seinen Geschwistern zurück.

Hamlet lud seine ganze Familie und alle Freunde, die er kennen gelernt hatte, zu einem Sommernachtsfest ein.

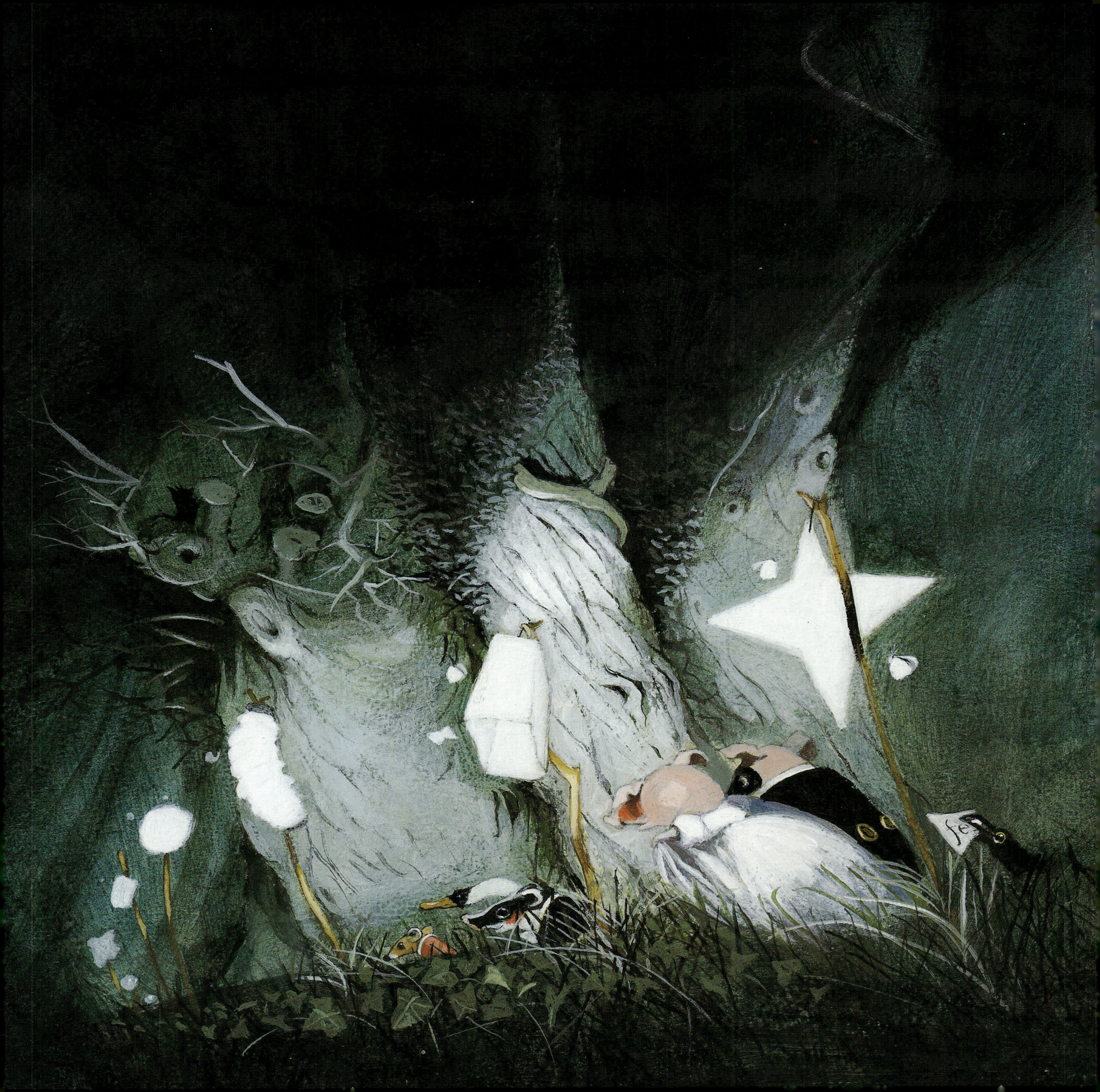

Olga, die sympathische Haselmaus, kam speziell für das Fest aus Riga angereist.

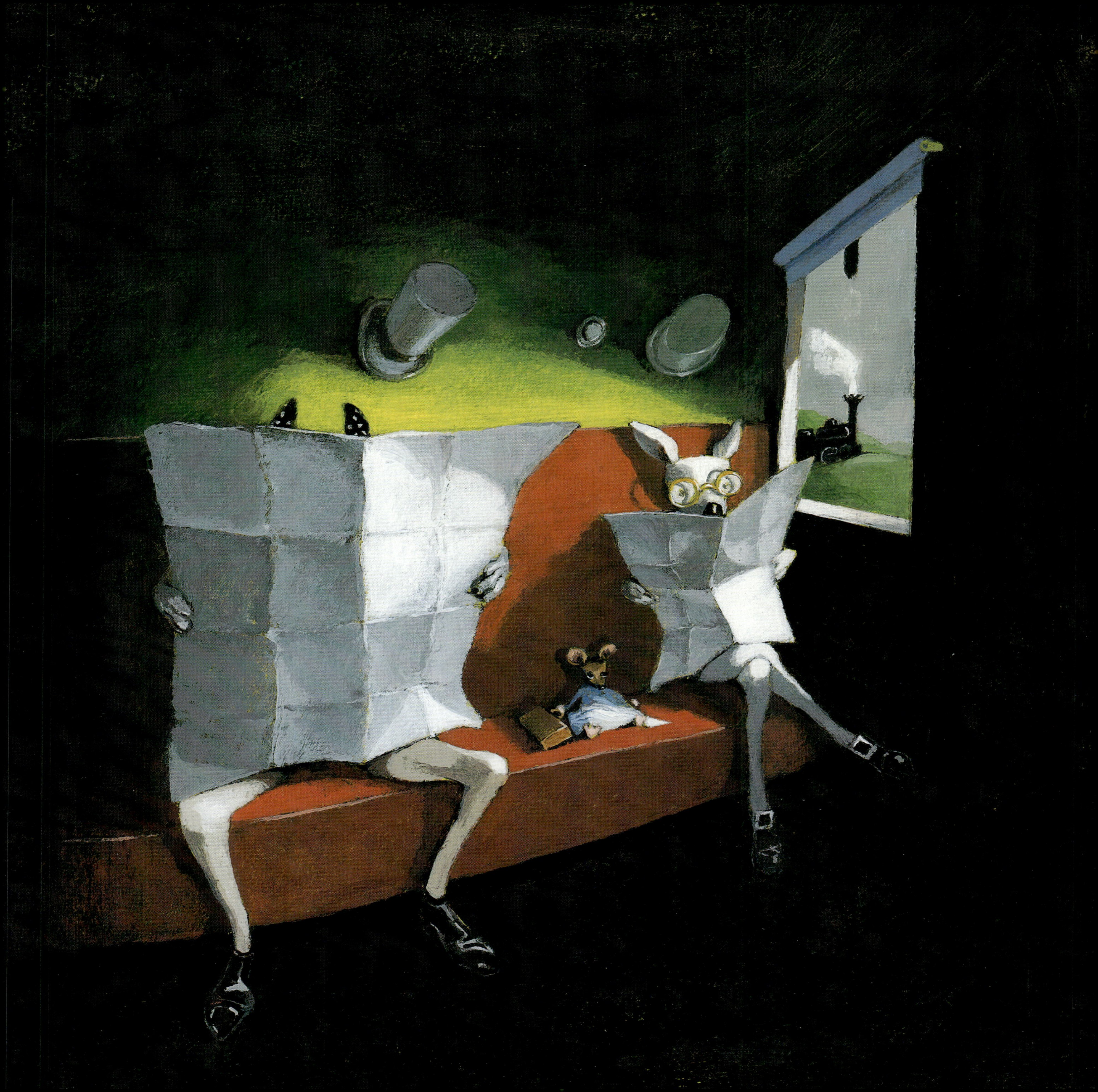

Die Wiedersehensfreude war groß.

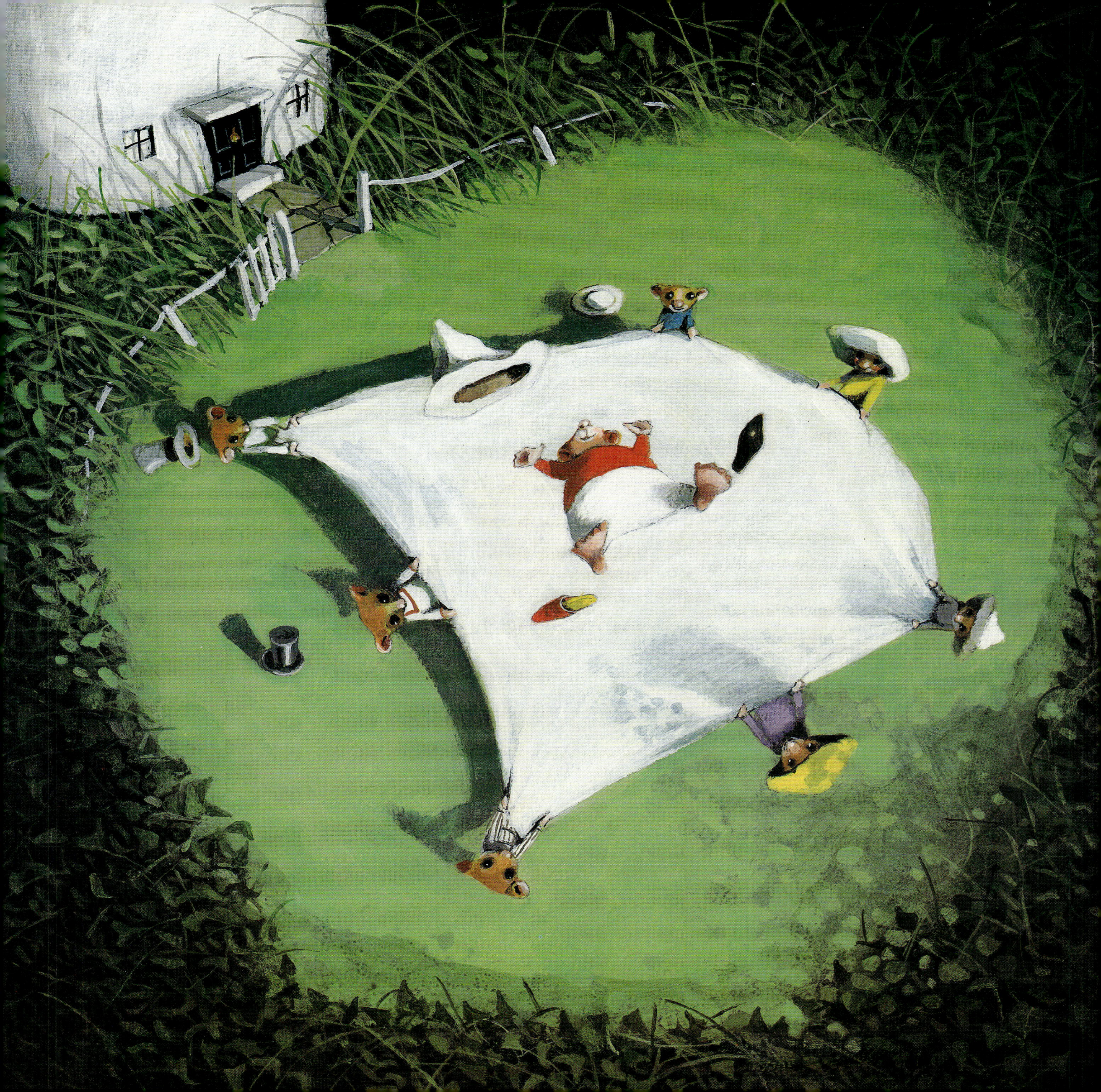

Seine Geschwister benahmen sich zwar etwas merkwürdig an dem Fest, aber als es vorüber war, sagten sie: „Hamlet, du bist unser Bruder, und du sollst fortan der Glückliche heißen."

Dies freute **Hamlet** sehr, er organisierte noch manches unvergessliche Fest, und wenn es einmal nichts zum Festen gab, vertrieb er sich die Zeit mit Glücklichsein.